Autodisciplina

Vence a la Pereza y a la Procrastinación y Empieza a Lograr tus Objetivos Hoy Mismo

Harrison Parker

©Copyright 2020 by Cascade Publishing

All rights reserved.
It is not legal to reproduce, duplicate, or transmit any part of this document in either electronic means or in printed format. Recording of this publication is strictly prohibited.

TABLE OF CONTENTS

Introducción 1

Capítulo 1: Los Fundamentos De La Autodisciplina 3

Capítulo 2: Hábitos Que Matan La Disciplina 12

Capítulo 3: Entorno Favorable A La Autodisciplina 17

Capítulo 4: El Poder De Los Objetivos Y De Llevar Un Diario 21

Capítulo 5: La Regla De Los Dos Minutos 29

Capítulo 6: Hacking Mental 35

Capítulo 7: Hábitos Saludables Para La Disciplina 38

Capítulo 8: Los Navy Seals Al Rescate 42

Capítulo 9: Tácticas Populares De Autodisciplina........... 46

Conclusión 53

Introducción

Mantenerse centrado en lo que se está haciendo puede ser difícil para muchas personas, ya que varias distracciones impiden su progreso. Añade el hecho de que muchas tareas que debemos realizar pueden parecer "aburridas" o simplemente es algo que nos cuesta inspiración para completar, por lo que nos encontramos con una receta para el desastre.

No es cuestión de ser perezoso o no. Es cuestión de tener las herramientas apropiadas para mantenerte lo suficientemente disciplinado como para concentrarte en lo que necesitas hacer, y solo hacerlo. Cualquiera puede aprender a ser disciplinado, y a su vez comenzar a lograr todo lo que desea con unos simples pasos. En los próximos capítulos, exploraremos lo que significa tener autodisciplina, así como las formas de cultivar la autodisciplina.

Es muy probable que en algún momento de tu vida alguien te haya dicho que debes dejar de ser perezoso o que te falta fuerza de voluntad. Esas palabras probablemente no hicieron nada más que hacerte sentir peor contigo mismo, y eso es todo lo que esas palabras harán. Despreciar a alguien nunca ha ayudado a una persona a cambiar, y esas palabras no son muy sinceras.

La falta de autodisciplina no es un acto de pereza. Es un acto de la mente. Si aprendes a equilibrar tu mente y a cambiar tu forma de pensar, puedes acabar con la falta de concentración que muchos sufren. Claro que la fuerza de voluntad juega un papel en tu autodisciplina, pero no tienes que sentir que te estás forzando a hacer cosas.

La buena noticia es que hay innumerables técnicas para superar estos problemas, e incluso numerosas herramientas que los Navy Seals implementan para mejorar su autodisciplina. También hay una regla de dos minutos que ayudará a dominar esa procrastinación.

En lugar de perder más tiempo, vamos a pasar directamente a aprender más sobre la autodisciplina.

Capítulo 1:

Los Fundamentos De La Autodisciplina

La mayoría de mis fracasos fueron atribuidos a mis propias debilidades, como renunciar, tomar el camino fácil y postergarlo. Todo esto lo descubrí, eran señales de no tener autodisciplina.

Tras una reflexión más profunda, mis éxitos tuvieron muchas estrategias opuestas. Todas ellas habían sido el resultado de la autodisciplina. Me di cuenta de que mis mayores triunfos habían ocurrido cuando me esforzaba constantemente, haciendo lo que tenía que hacer, quisiera o no.

Sabía que, si quería tener éxito, esto era algo que tenía que explorar más a fondo. Estaba cansado de sentirme como un perdedor. Estaba cansado de vivir siempre por debajo de mis capacidades y de quedarme corto.

Finalmente decidí dejar mis sentimientos a un lado y empecé a trabajar en mí mismo. Fui estudiante a tiempo completo durante siete años, mientras trabajaba en interminables trabajos para pagar mi educación.

4 | Autodisciplina

Lentamente, pero con seguridad, transformé mi cuerpo de tener sobrepeso a una versión de mí mismo ahora más feliz, saludable y en forma. Todo esto no sucedió de la noche a la mañana. Sin embargo, no podría haber hecho nada de esto si no mantuviera la autodisciplina adecuada.

Hubo días en los que fue incómodo y otros en los que fue brutalmente duro, pero sabía que tenía que seguir presionando. Nunca me hubiera perdonado si no hubiera llegado hasta el final. Sabía que sería algo de lo que me arrepentiría el resto de mi vida. Aunque mis deseos eran fuertes, el camino que estaba recorriendo no fue nunca fácil.

Trabajé muchas horas y nunca vi ninguna recompensa inmediata. Empujé mi cuerpo hasta que quise vomitar. Al día siguiente era difícil incluso caminar al baño porque estaba muy dolorido.

Estudié sin parar para cada examen, mientras fracasaba en muchos negocios. Nunca busqué admiración o simpatía. Estaba en mi propio viaje, y así fue.

Me siento privilegiado de haber participado en estas oportunidades. De la misma manera, estaré eternamente agradecido por los fracasos que dieron forma a mi vida. Y aunque me sentía frustrado la mayor parte del tiempo, sabía en el fondo que al final todo valdría la pena. Dejar de fumar nunca se convirtió en una opción para mí, ya que permanecer en la misma posición dentro de un año, dentro de 5 años, dentro de 10 años, honestamente me asustó muchísimo.

Una cosa que era peor que luchar con mi autodisciplina, era servirla con una enorme dosis de autoculpa y de ira dirigida a mí mismo. Me enfrenté a días en los que todo lo que podía pensar era:

- "¿Qué me pasa?"
- "¿Por qué no puedo concentrarme?"
- "¿Por qué me lleva tanto tiempo terminar esta simple tarea?"
- "¿Por qué no fui al gimnasio?"
- "¿Por qué me distraigo tan fácilmente?"
- "¿Por qué no puedo dejar de postergarlo?"
- "¿Por qué me comí el sexto trozo de pizza?"
- "¿Cómo puedo deshacerme de esta niebla cerebral?"
- "¿Estoy deprimido?"

- "¿Realmente vale la pena?"

Lo que tuve que recordar es que los humanos no nacemos con una habilidad natural para controlarnos y regularnos. Estas son habilidades que nuestros cerebros jóvenes desarrollan y cultivan cuando recibimos la atención emocional correcta de nuestros padres durante nuestra crianza.

¿Qué es exactamente la autodisciplina?

La autodisciplina es la capacidad de resistir la gratificación instantánea, en favor de una mayor ganancia o de recompensas más sustanciales. Es hacer las cosas que sabes que tienes que hacer, incluso si no te apetece. Es perseverar, incluso cuando te sientes incómodo. Es empujar a través de todos los obstáculos en su camino.

Cada forma de autodisciplina puede ser categorizada en dos grupos. Aquellos que toman medidas, y aquellos que no lo hacen.

Una vez que abrazas la autodisciplina, tendrás más control sobre ti mismo y sobre la vida que vives. Construir un fuerte sentido de autodisciplina es fácil una vez que tienes una buena razón para hacerlo. Tener un gran "por qué" te mantendrá en el camino correcto hacia tu objetivo final. Veremos esto más adelante.

Características de la autodisciplina

- Impulsado por la pasión

Cualquiera que pueda aplicar la autodisciplina a sus objetivos se entusiasmará con todo lo que haga. Sus pasiones los impulsan con toda la motivación que necesitan para trabajar a través de toda la monotonía. ¿Cómo puedes mantener la autodisciplina cuando no tienes ningún interés en el resultado? Es simple, tienes que hacer las cosas que te importan.

- Visión a largo plazo

Estos individuos entienden que el verdadero éxito tomará tiempo, y no va a suceder de la noche a la mañana. El objetivo final es tan importante, que persistirán en cualquier lucha hasta que hayan logrado o recibido todo lo que desean. No hay tentación de renunciar, incluso si su objetivo no se ha manifestado en un par de días, semanas, meses o incluso años.

- Sacrificios necesarios

Si hay alguien o algo que los distrae de su objetivo/metas, no dudarán en eliminar esa toxicidad. Esto puede ser un detonante difícil de accionar, pero pronto te darás cuenta de que te tomas en serio tus objetivos cuando estás dispuesto a sacrificar otras cosas para alcanzarlos.

- No temas al trabajo duro

Las personas con altos niveles de autodisciplina florecen en presencia de la adversidad. Es infantil pensar que las cosas van a ser fáciles. Por todas las cosas que te desafían te regalarán la mayor recompensa. Los individuos auto-disciplinados entienden que es en su mejor interés enfrentar cada obstáculo de frente. Disfrutan plenamente de un desafío y crecen gracias al trabajo duro.

- Tomar acción

Los individuos que personifican la autodisciplina no perderán tiempo esperando y deseando que las cosas aparezcan. Simplemente no esperarán. Encuentran una estrategia favorable y empiezan a tomar medidas. El único obstáculo en el camino en este punto es tú mismo. Nunca lo sabrás, si nunca lo intentas.

¿Qué tan importante es la autodisciplina?

Si no tienes autodisciplina, tristemente, no vas a llegar muy lejos en la vida. No te vas a quedar con nada el tiempo suficiente para ver que se haga realidad. Cuanto más grandes sean tus objetivos, más disciplina necesitarás. La locura es que ni siquiera necesitas ser la persona más inteligente o talentosa, solo tienes que ponerte a trabajar. Si te fijas metas claras y superas cualquier adversidad, nada puede detenerte.

¿Cómo ganar más autodisciplina?

- Entiende tus debilidades

Tienes que identificar tus debilidades, y darte cuenta de las áreas en las que puedes mejorar. Mira tus rutinas y patrones actuales y aísla esas debilidades. Busca áreas en tu vida donde te falte disciplina e identifica cómo puedes mejorar esas fallas.

- Deshacerse de la opción de dejar de fumar

Nunca te des permiso para renunciar. Cuando decidas hacer algo, sigue persistiendo hasta que lo hagas. Cambia tu estrategia si es necesario, pero nunca debes considerar dejar de fumar. El fracaso es simplemente la oportunidad de empezar de nuevo, esta vez de forma más inteligente.

- Establece tus objetivos y ejecuta una estrategia

Mantener la disciplina es fácil cuando sabes lo que quieres, por qué lo quieres, y tienes un camino claro resuelto. Ignora todo el pensamiento consciente que puedas. Averigua qué es lo que quieres y ponte metas. Crea métodos para lograr esas aspiraciones y luego empieza a ejecutar tu plan. Actúa y haz los cambios necesarios a medida que avanzas. Nada irá exactamente como lo planeado, así que toma cada día como viene y conquista cada obstáculo a lo largo del camino.

- Crea hábitos que te fortalezcan

Absolutamente DEBES crear hábitos que te fortalezcan. Tienen que estar en línea con lo que quieres y con quien quieres ser. Deshazte de todo lo que no te sirva. Ser apasionado por tu rutina diaria mejora drásticamente la consistencia y la probabilidad de éxito. Si no te gusta leer, prueba con los audiolibros. Si no te gusta correr, prueba con la bicicleta. Si trabajas más eficientemente por la tarde, renuncia al trabajo de la mañana y enfoca tu atención en otros hábitos en desarrollo por la mañana.

- Relájate

Manténgalo simple y estúpido. No tiene que ser complicado, así que no lo hagas complicado. No es necesario. Nunca desperdicies tu energía o tiempo tratando de parecer inteligente o de lucir bien. Invierte tu energía y tiempo en hacer las cosas de la manera más fácil posible.

- Come sano

Una dieta sana y nutritiva puede alimentar tu cuerpo y tu mente con una fuente de energía prolongada que te permita reinvertirte en tus objetivos importantes. Las personas que consumen una dieta saludable serán física y mentalmente más fuertes que aquellas que consumen hábitos alimenticios no saludables. Vivir una vida saludable te mantendrá disciplinado y enfocado cuando más lo necesites. Descubrí que la alimentación saludable se atribuye a gran parte de mi productividad. Me proporcionó una base sólida para construir mi jornada.

- No te fuerces a salir del juego

Nunca hagas que tus objetivos sean tan importantes como para forzarte a salir del juego. Deberías concentrarte más bien en el proceso o "la persecución". Perfecciona y mejora el proceso, crea un sistema más eficiente que funcione a tu favor y prevalecerás. Hay gente ahí fuera que ha logrado todo lo que estás tratando de lograr. Ellos lo tienen todo, así que ¿por qué tú no puedes? Solo tienes que aplicarte y tomar medidas.

- Necesitas reinventarte

Tienes que visualizarte como una persona altamente motivada y autodisciplinada. Tus experiencias pasadas de dejar de fumar ya no importan, así que usa esto a tu favor. Sabes lo que se siente al dejar de fumar, sabes dónde te deja. Cambia tu perspectiva, cambia tus rutinas diarias, come más sano, planifica con anticipación, es realmente muy simple en teoría. ¡La parte difícil es tomar medidas! Una gran práctica es modelar tu comportamiento de alguien en una posición en la que aspiras a estar. Si quieres correr un maratón, por ejemplo, la mejor manera de lograr este objetivo sería practicar hábitos similares a los de un corredor de maratón.

- Diviértete

Muchas de las tareas que tendrás que completar para alcanzar tus objetivos serán monótonas o aburridas. También habrá momentos en los que tendrás que usar más autodisciplina que otros. No siempre será divertido, pero intenta que sea lo más divertido posible. Una vez que disfrutas de lo que estás haciendo, tiendes a seguir con ello, lo haces más a menudo, y te acercas más a alcanzar tus objetivos.

La disciplina puede mejorar tu calidad de vida

- Podrías experimentar una mejor salud

Todo el mundo desea mejorar su salud y bienestar. Ya sabes lo que tienes que hacer. Tienes que mover tu cuerpo. Tienes que quemar más calorías de las que comes. Tienes que aumentar la fuerza. Tienes que comer más sano. Deja de poner toxinas en tu cuerpo. Esto va a requerir algo de autodisciplina y autocontrol, especialmente cuando estás empezando este viaje. Si valoras tu vida y te amas a ti mismo, ¿hay otra manera de vivir?

- Puedes tener más dinero

Ser rico no es complicado. Simplemente tienes que asegurarte de gastar menos de lo que ganas. Necesitas disciplina para poder ajustarte a un presupuesto. Necesitas desarrollar la fuerza de voluntad, para no gastar dinero en cosas que no necesitas. Si ya estás endeudado, se necesita más disciplina para poder pagar tus cuentas cada mes y dejar de gastar tu dinero en otros objetos materialistas. Averigua cómo serán tus finanzas ideales, crea un plan y sigue adelante. Decide si deseas más dinero, o la libertad que te permite.

- Aprender nuevas habilidades

Aprender cualquier habilidad nueva va a requerir repetición y la disciplina para seguir adelante. Independientemente de si se trata de un nuevo idioma, un nuevo hobby o un instrumento, todos los principios siguen siendo los mismos. Una vez que la emoción desaparezca, todo lo que te quedará es la determinación de alcanzar tu objetivo. En otras palabras, tu éxito depende de cuánto lo quieras realmente. ¿Qué tan significativas son tus metas futuras en la vida? ¿Estás contento con ser mediocre? ¿Cuánto estás dispuesto a sacrificar? Esta es tu respuesta. Está completamente bien estar contento con menos, pero entender dónde estás es un proceso importante para saber lo que necesitas hacer.

Siete beneficios de la autodisciplina

- Aumento de la autoestima y el orgullo

Si eres capaz de establecer metas dignas y te apegas a ellas lo suficiente para lograrlas, tu autoestima se irá por las nubes. Disfrutarás cosechando las recompensas a lo largo del camino y te enorgullecerás de todas las cosas que hagas. Tu nivel de confianza se disparará a medida que te adaptes a los nuevos cambios, e irradiarás una forma de felicidad en tu interior.

- Mantenerse alejado de lo que te hace daño

Necesitas tener suficiente autodisciplina para mantenerte alejado de todo lo que pueda destruirte, incluyendo sustancias, circunstancias y/o personas. Tener éxito en la vida es tanto como saber cuándo decir "sí" y cuándo decir "no". La autodisciplina te permite alejarte de todas esas acciones y elecciones autodestructivas.

- Aumenta tu tasa de éxito

La autodisciplina es extremadamente importante cuando se trata de todos los aspectos de la vida. ¿Por qué? Bueno, hay muchas distracciones que pueden desviarte del camino. Tienes que mantenerte fuerte. Tienes que estar dispuesto a decir "no" a algunas cosas, y "sí" a las contribuciones que harán la diferencia. Sigue perfeccionando y aprendiendo sobre la marcha. Cuanto más tiempo puedas aguantar, tus posibilidades de éxito aumentarán drásticamente. No hay nada misterioso o mágico en ello.

- Cuerpo y mente más sanos

Con el aumento de los niveles de ejercicio junto con una alimentación sana, mejorará drásticamente la claridad mental, te sentirás más fuerte, te verás más saludable y tus experiencias positivas se intensificarán. ¿Necesito decir algo más? La parte difícil es el comienzo. Los primeros días, semanas o meses pueden ser muy duros. Sin embargo, no vas a dejarlo porque no eres un desertor. Eres un ganador. Tienes la fuerza de voluntad para establecer objetivos y tomar las medidas necesarias hasta que los alcances. A pesar de todas las tentaciones de dejar de fumar, te mantendrás en el camino hasta que hayas llegado a tu destino.

- Eliminar cualquier competencia

Este mundo en el que vivimos es altamente competitivo. Esto no quiere decir que tengas que ser agresivo, y que tengas que aplastar a todos los que te rodean. Lo que sea que quieras; otras personas pueden querer las mismas cosas. Cuando te relajes, habrá alguien que trabaje más duro para conseguir lo que quieres. Se reduce a la persona que tiene más autodisciplina. Mucha gente es simplemente perezosa, y no quieren hacer nada que no tengan que hacer, no seas ese alguien. Haz un esfuerzo extra.

- Inspirar a los demás

Cada vez que apliques autodisciplina y empieces a ver resultados, sin duda inspirarás a los demás a tu alrededor. Estas personas se sienten animadas a elevar sus estándares para igualar tu energía. Es algo maravilloso cuando alguien te agradece por ser una inspiración, especialmente cuando puede haber sido completamente involuntario por tu parte. Sin embargo, usa esta gratitud como motivación para construir cosas cada vez más grandes e inspirar a más personas a tu alrededor.

- Viviendo una buena vida

El mejor beneficio de la autodisciplina es que te permite vivir la vida a tu manera. Alcanzarás todas las metas que significan algo para ti. Serás capaz de tomar todas las decisiones que te beneficien. La autodisciplina es la joya de la corona cuando se trata de logros y crecimiento personal. Una vez que seas capaz de aprovechar todo el poder de tu autodisciplina, el mundo se abrirá para ti. Serás tu mejor yo. Vivirás tu mejor vida. Y para ser honesto, no mereces nada menos que eso.

Capítulo 2:

Hábitos Que Matan La Disciplina

Es muy probable que tu falta de disciplina haya sido instigada por muchos de tus hábitos diarios. Los hábitos son comportamientos que se forman a través de la repetición, cada día que pasa se vuelven más automáticos o consistentes. Desafortunadamente, no todos estos comportamientos se convierten en buenas prácticas. La mayoría de la gente habrá desarrollado varios malos hábitos a lo largo del tiempo que les encantaría abandonar, y esto es completamente normal. Sin embargo, vamos a discutir varios malos hábitos que están acabando con tu autodisciplina en particular. Ya sea que te familiarices con uno o todos estos hábitos, no te alarmes. No te hace una mala persona, solo una víctima de las circunstancias. La buena noticia es que puedes romper todos estos hábitos.

Comer sin parar

Comer en exceso y comer sin parar es una preocupación común entre muchas personas. Cuando se pierde el contacto con los indicadores naturales de satisfacción y hambre del cuerpo, puede llevar a comer en exceso de forma crónica. Este comportamiento probablemente provocará que ganes un peso no saludable, lo que puede conducir a enfermedades cardíacas, diabetes y otras complicaciones graves de salud. Si disfrutas de los bocadillos de comida chatarra, el desafortunado efecto secundario es que también estás inundando tu cuerpo con una terrible nutrición. El hecho de haber perdido el control de su alimentación es la razón por la que este hábito daña sus niveles de disciplina.

Con determinación, cualquiera puede superar sus malos hábitos alimenticios, y alcanzar un peso más saludable. Cuando comiences a prestar atención a tus señales de hambre y cambies tus bocadillos por alternativas saludables, desalentarás las caídas de energía, perderás peso, controlarás los antojos y aumentarás tu bienestar general. También minimizará drásticamente la ingesta de nutrientes nocivos como los azúcares procesados y las grasas trans.

Perder el tiempo con los medios sociales

Cuanto más tiempo pases en los medios sociales, menos activo físicamente te vuelves, y más propenso a la distracción y a la procrastinación. Hay una buena posibilidad de que este tiempo perdido esté consumiendo el tiempo que de otra manera estarías usando para mejorarte como ser humano.

Cuando limitas el tiempo que pasas en las plataformas de medios sociales, inherentemente aumentas la cantidad de tiempo para participar en otras actividades. Estas actividades pueden ir desde el aumento del ejercicio, el aprendizaje de nuevas habilidades, el trabajo más eficiente. A su vez, se obtienen niveles de energía más elevados, talentos recién adquiridos y un mejor flujo de trabajo dependiendo de las actividades que se complementan durante este tiempo. También encontrarás que obtienes niveles de energía impulsados, una mejor calidad de sueño y una mente más aguda, por nombrar algunos beneficios adicionales. En conjunto, mejorarás tu autoconfianza y autodisciplina de manera exponencial.

Exceso de gastos

El estrés financiero y la ansiedad pueden contribuir a muchas caídas negativas, como el aumento o la pérdida de peso, el consumo excesivo de alcohol o tabaco, las úlceras, los ataques de pánico, los dolores y molestias, las dificultades digestivas, los dolores de cabeza, el insomnio, la depresión y la hipertensión arterial.

Lo entiendo, es difícil, pero salir de deudas funciona de manera muy parecida a perder peso. Llevará tiempo, y será duro para tu estilo de vida y tu ego. Tendrá que permanecer alerta y aprender a no volver a tus viejos hábitos de gasto. Aquellos que tienen éxito -y muchos lo tienen- los resultados son notables. Sentirás que tienes más control sobre tu vida con menos preocupaciones y menos estrés. Tendrás menos dolores de cabeza, dejarás de comer en exceso y dormirás mejor. Encontrarás formas de reducir tus gastos y te concentrarás en las alegrías de la vida y mejorarás las relaciones.

Consumir demasiada comida rápida

El consumo de una dieta de hamburguesas con queso y patatas fritas bañadas con batidos y refrescos iniciará una cintura más grande y posiblemente muchos otros factores preocupantes, como la diabetes y las enfermedades cardíacas. Los alimentos ricos en grasas trans causan un aumento del colesterol malo, contribuyendo al endurecimiento de las arterias.

El cambio a alimentos más saludables tiene beneficios sustanciales e inmediatos. No será fácil cambiar el estilo de vida para siempre. La comida rápida es conveniente, barata, y seamos honestos, deliciosa. La alimentación saludable va a tomar más tiempo y pensamiento, pero vale la pena. Además de perder algo de peso y adelgazar, también te proteges de los problemas de salud, recuperas los niveles de energía y simplemente te sientes mejor. Puedes ahorrar dinero si haces tus propias comidas en lugar de comer fuera. La preparación de las comidas es un gran ejercicio para incorporar a tu rutina, ya que tener las comidas disponibles para recalentarlas cuando sea necesario elimina cualquier estrés o limitaciones de tiempo.

Actuando de maneras que te dejan estresado, enojado o preocupado

Llevar un estilo de vida poco saludable conducirá a una cascada de hormonas del estrés que aumentará tu azúcar en sangre y tu presión sanguínea, ralentizará tu digestión, reducirá tu inmunidad y te hará sentir desagradable. La naturaleza solo quiso que el estrés fuera una respuesta de corta duración cuando se enfrentara a una amenaza entrante, pero dentro de nuestras vidas modernas, muchos desarrollan a menudo un estrés crónico. Este estrés tiene impactos de gran alcance en tu salud, y te hace comer en exceso. Todo esto se une en un horrible cóctel que puede causar diabetes, enfermedades cardíacas y otros problemas.

A través de técnicas de reducción del estrés, puedes proteger tu corazón, bajar el nivel de azúcar en la sangre, aliviar el dolor crónico, reducir la depresión, mejorar la inmunidad y bajar el nivel de azúcar en la sangre. Tener una nueva sensación de alegría y control es mejor que nada, y los beneficios físicos son abundantes.

Beber demasiado alcohol

Puede que no te guste oírlo, pero el hecho es que el alcohol es veneno para el cuerpo, y cuando bebes en exceso, puede tener efectos desastrosos. Los hombres que beben regularmente tres o más bebidas alcohólicas al día, y las mujeres que beben dos o más, corren un mayor riesgo de sufrir daños en el hígado, depresión, hipertensión arterial y diversas formas de cáncer. Las mujeres tienden a ser más sensibles al alcohol y pueden desarrollar aún más la pérdida de memoria, huesos frágiles y enfermedades cardíacas.

Poco después de dejar de beber o reducir el consumo, descubrirás que tu digestión mejorará y que dormirás mejor. Tu nivel de azúcar en la sangre también alcanzará los niveles normales y se mantendrá estable. Tendrás un cuerpo y un sistema cardiovascular en general más saludables. Además de sentirte más enérgico, construirás relaciones mejores y darás la bienvenida a una vida mejor.

Fumar

Cuando se trata de perjudicar la salud, no hay muchos hábitos que sean tan dañinos como fumar cigarrillos. Es la causa directa del 30% de todas las muertes por enfermedades cardíacas, del 30% de las muertes por cáncer y del 80 al 90% de todas las muertes por cáncer de pulmón. También aumenta la probabilidad de contraer cáncer de vejiga, garganta y boca. De la misma manera, fumar aumenta astronómicamente las posibilidades de sufrir hipertensión, apoplejías y ataques cardíacos, además de agravar o desencadenar problemas respiratorios como el asma y la bronquitis.

Los beneficios para la salud al romper el hábito de fumar son casi inmediatos con el sistema cardiovascular y los pulmones empezando a mejorar en minutos. Después de un mes sin fumar, los pulmones funcionarán más eficientemente, toserás menos, ganarás más energía y no experimentarás falta de aliento. También reduce la posibilidad de enfermedades cardíacas y cáncer, proporciona mayor resistencia y mejora el sentido del olfato y del gusto. También dejarás de apestar a cigarrillos, y eso aumentará tu confianza.

Todos estos hábitos tienen una cosa en común, te impiden hacer las cosas que deberías hacer. Ya sea que le falte la energía para hacer las cosas debido a la comida que come o que tenga que salir repetidamente a fumar, estos son algunos de los hábitos que te impedirán lograr tus objetivos. Por supuesto, hay muchos más, sin embargo, a estas alturas estoy seguro de que entiendes el punto.

Capítulo 3:

Entorno Favorable A La Autodisciplina

La mejor manera de mantener la disciplina es crear un ambiente propicio para la disciplina. Crear un ambiente propicio para la autodisciplina puede ayudarte en innumerables áreas de tu vida, como la escuela, el trabajo y el hogar. Echemos un vistazo a las mejores formas de mejorar tu entorno.

Deshazte de las distracciones

Cuando buscas construir tu autodisciplina, primero necesitas aislar cualquier distracción en tu vida. Cuando puedas identificar esas perturbaciones, podrás comenzar el proceso de eliminación.

Una distracción común para la mayoría de nosotros es nuestro teléfono inteligente. Podemos fácilmente quedar atrapados en los mensajes de nuestros amigos durante el día o en el desplazamiento a través de nuestros medios sociales para averiguar lo que nuestros amigos están haciendo. Es vital que limites estas distracciones al construir la autodisciplina, ya que consumirán tu fuerza de voluntad, energía y tiempo.

Una gran práctica es cambiar el teléfono inteligente a modo avión o no molestar. Alternativamente, los teléfonos inteligentes ahora tienen características incorporadas que te permiten establecer limitaciones en todas las aplicaciones o en las individuales. Se trata de una característica sobresaliente que te permite limitar ciertas aplicaciones a horas específicas del día, o limitar la cantidad de tiempo por día que una aplicación puede ser utilizada. Definir estos límites realmente te permite afinar las tareas que deben ser completadas antes de disfrutar de los medios sociales. La idea es crear un ambiente que cultive el enfoque en la tarea en cuestión.

Conoce tus inclinaciones

Comprender tus inclinaciones significa que reconoces tu unicidad y tus necesidades. Tu necesidad puede ser que tiendes a tener hambre en ciertos momentos del día, o puedes tener una inclinación única hacia ciertos momentos del día en los que tienes un aumento de energía.

Es importante identificar estas inclinaciones, y empezar a utilizarlas a tu favor. Por ejemplo, si sabes que tienes más energía durante la tarde, programa tu tarea más desafiante para ese momento del día. Esto significa que no utilizarás tanta energía mental para trabajar en ella.

Ten una recompensa en espera

El desarrollo de tu autodisciplina tiene una fuerte conexión con tus niveles de motivación. Mantener altos niveles de motivación hará que sea mucho más fácil para ti permanecer enfocado y disciplinado en lo que necesitas hacer.

Para ayudar en este proceso, ten un sistema de recompensas establecido para ti mismo una vez que termines tu tarea. Esto podría ser tan simple como tomar un descanso al terminar, o después de un período de tiempo asignado. La oportunidad de relajarse brevemente de la tarea en cuestión ayudará a reponer tu mente y estimulará un aumento de energía. Aunque esto puede parecer un pequeño paso, cuando lo practiques a menudo, serás capaz de construir tu impulso que te llevará a una mayor autodisciplina.

Publica tu horario

Hablaremos sobre la elaboración de objetivos en el próximo capítulo, pero una vez que hayas identificado tus objetivos y los hayas desglosado en procesos más pequeños, tienes que aplicarlos a tu programa. La mejor manera de asegurarte de que no olvides tu horario es colocarlo en un lugar donde lo veas, regularmente.

Puedes guardar tu horario en una aplicación en tu teléfono o computadora, pero es muy recomendable tener también una versión en papel a mano. De esta manera, no corres el riesgo de distraerte con el teléfono cuando vayas a comprobar lo que tienes que hacer. Además, el simple hecho de mirar a la pared y ver la lista de cosas que tienes que hacer justo delante de ti es un poco más motivador.

Usar la tecnología sabiamente

Aunque la tecnología puede ser definitivamente una distracción, también puede ser extremadamente útil. Puedes usar la tecnología para crear recordatorios que te ayuden a mantener la disciplina. Por ejemplo, puedes configurar un temporizador para la navegación casual en la web para que no pases todo el tiempo navegando. Esto asegurará que no te olvides de tus tareas importantes. Como se mencionó anteriormente, los teléfonos inteligentes también pueden monitorear y limitar su uso en ciertas categorías, incluyendo redes sociales, entretenimiento, productividad y juegos.

Tomar decisiones a tiempo

Es una gran idea empezar a tomar decisiones por adelantado para eliminar cualquier otra tentación. Esto significa que no es tan probable que se posponga lo que hay que hacer. Programa y prioriza tus tareas importantes la noche anterior, y mantente fiel a ese plan.

No te comprometas cuando se trata de tomar decisiones. Después de tomar una decisión sobre algo, debes asegurarte de que la sigues. Haz lo mejor que puedas para no terminar cambiando de opinión cuando necesites hacer algo. Cuando lo hagas, es más probable que termines tu tarea, y encontrarás que es menos probable que las tentaciones te influyan.

Idear una rutina

Una de las formas más efectivas de mantenerse disciplinado es crear una rutina. Una rutina te ayudará a ser consistente con tus tareas diarias. Después de que hayas interiorizado tu rutina, se convertirá en algo sin esfuerzo, y no tendrás que recordarte activamente lo que tienes que hacer. La consistencia es la clave aquí.

Tu objetivo de tener una rutina es asegurarte de que te mantengas autodisciplinado para que puedas alcanzar tus metas. Eso significa que tienes que crear una rutina que va a maximizar el trabajo que haces de manera consistente.

Piensa en el tipo de rutina que te gustaría establecer para ayudar con tu disciplina. Lo más importante es asegurarse de que tienes una rutina realista. Esto asegurará que la sigas a largo plazo. Esto es crucial para mantener la disciplina, especialmente si una tarea es particularmente difícil.

Puedes mantener una rutina realista si te concentras en pequeños pasos para empezar a encontrar el impulso que necesitas para trabajar hacia tu objetivo. Siempre puedes adaptar esta rutina y añadirla si es necesario.

Una vez más

Lo más importante de crear un espacio propicio para la autodisciplina es que te mantengas constante. Si minimizas todas las posibles distracciones, el teléfono, la TV, y tienes tu horario al alcance, puedes permanecer disciplinado.

Además, asegúrate de no crearte expectativas poco realistas para ti mismo. No puedes esperar ser perfecto el primer día que pruebes tu nuevo horario. Te va a dar comezón revisar tu teléfono, y puede que te rasques esa comezón, y eso está bien. Lo importante es asegurarse, una vez que te des cuenta de lo que has hecho, de que corrijas el comportamiento y vuelvas al buen camino.

Continúa trabajando de esta manera, y gradualmente se convertirá en algo natural. Mantente consistente y no te castigues en el proceso. Llevará tiempo, pero es absolutamente factible.

Capítulo 4:

El Poder De Los Objetivos Y De Llevar Un Diario

Se buscas consejos de crecimiento y productividad en Internet o en la sección de autoayuda de una librería o biblioteca, encontrarás un sinfín de información que te ayudará a mejorar tu vida.

Sin embargo, no te dejes abrumar por todo lo que ves. ¿Te ayudará? Lo más probable es que sí. ¿Puedes ponerlo en práctica todo de una vez? Diría que probablemente no. Es importante que permanezcas atento a lo básico y te concentres en crear hábitos más saludables día a día.

Hábitos poderosos llamados hábitos clave

Los hábitos clave son comportamientos que crean un efecto dominó en tu vida. Charles Duhigg explica en su libro *"El Poder del Hábito"*: Los hábitos clave son "pequeños cambios o hábitos que la gente introduce en sus rutinas y que involuntariamente se trasladan a otros aspectos de sus vidas".

Hacer ejercicio regularmente es un gran ejemplo de un hábito clave. A través del aumento de los niveles de actividad, crearás un influjo de otros efectos positivos. Tu postura mejorará. Atraerás más confianza en ti mismo. Te sentirás con más energía. De la misma manera, con el ejercicio también comerás más sano, aumentando aún más los beneficios de una mejor salud. Puedes ver cómo esto continúa, ¿verdad?

Como con cualquier hábito, esto requiere un compromiso para crear nuevos hábitos, crear un ambiente que te ayude a mantener tus nuevos hábitos, y luego responsabilizarte y tomar acciones hacia estos nuevos hábitos.

Bueno, ¿por dónde deberías empezar? Un hábito que puede ser fácilmente implementado y que tiene un potencial asombroso para ayudar a transformar tu vida es llevar un diario.

¿Qué es exactamente un diario?

El diario puede definirse vagamente como la reflexión sobre ciertas emociones, actividades o metas a diario y la anotación de cualquier pensamiento o plan que se te ocurra. Como esta definición es tan amplia, es una herramienta muy versátil que puede cumplir varias funciones. Puedes escribir en tu ordenador, en un diario encuadernado en cuero, o incluso en un bloc de notas.

- Tu fábrica creativa

Cada noche antes de ir a la cama, usa tu diario para escribir un problema que desees resolver. Contempla este problema por unos momentos, antes de proceder a la cama.

Mientras duermes, tu subconsciente se pone a trabajar para repetir y reconstruir tus pensamientos. Thomas Edison dijo una vez: "Nunca te duermas sin una petición a tu subconsciente". Edison implica que durante el sueño de ondas lentas (SWS) puedes dirigir tu mente subconsciente al pensamiento creativo. Es durante esta fase del sueño que tu subconsciente puede cultivar avances creativos.

Una vez que te despiertas, agarra tu diario como una especie de "trampa para tus soluciones". Trata de aprovechar los pensamientos que tu subconsciente te ha presentado durante la noche y escribe sobre cualquier cosa que te venga a la mente. Escribe libremente, y trata de no desalentar ningún pensamiento. Habrá tiempo para reflexionar en breve.

Con el tiempo, puede que encuentres que anotar ideas interesantes después de despertar, es más natural, y desarrollará horas extras.

- Un vertedero para tus pensamientos

El diario también puede ser un lugar donde arrojas todos tus pensamientos para sacarlos de tu cabeza. Puedes hacer esto por la noche, por la mañana, o en cualquier momento que necesites despejar tu mente. No tienes que usar el diario para resolver tus problemas, pero puede ayudar a eliminar los pensamientos para ganar más claridad mental.

- La brújula de la vida

Un diario es un gran lugar para trazar tus prioridades y valores. Podrías asignar un tiempo específico y solo pensar en lo que realmente importa en tu vida. Esto te ayuda a crear una visión de cómo te gustaría que se desarrollara tu vida, y cómo puedes desglosarla en objetivos más pequeños.

Después de que tengas claro lo que valoras y hayas llegado a una visión de tu vida, escríbelo todo y vuelve a visitar esta página cuando escribas en tu diario. Revisar estos pensamientos puede poner todo en perspectiva y te permite reducir tu enfoque en las cosas que más te importan. Esto a veces puede darte la urgencia que necesitas para empezar a trabajar hacia tus metas y ayudarte a pasar el día.

- Estableciendo objetivos

El diario es un método muy común para establecer objetivos. Al igual que la práctica anterior, es absolutamente necesario conectar con la visión de tu vida. Debes saber lo que quieres, y establecer una conexión entre el tiempo presente y el destino.

Con tu objetivo final enfocado, quieres trabajar hacia atrás, hacia el presente. Divide cualquiera de tus metas a largo plazo en objetivos más pequeños o procesos que puedas lograr diariamente, semanalmente o mensualmente. Con cada tarea que completes, te acercas cada vez más a tus objetivos a largo plazo.

Lo que funciona para la mayoría de la gente es programar un tiempo para reevaluar tu progreso en diferentes bloques. Esto significa que cuando llegas al final de un año, haces planes para el año siguiente. Cuando llegues al final de un mes, establecerás más objetivos para el mes siguiente. Una vez que la semana llega a su fin, haz planes para la semana siguiente. Cuando llegues al final del día, haz planes para el día siguiente. Encuentra lo que funciona para ti.

Hacer una lista de tareas el día anterior es fundamental. Estarás preparando tu subconsciente para lo que te espera, y te será más fácil empezar a tomar medidas cada mañana cuando sepas lo que debes hacer.

Desglosa tus tareas de más a menos importantes, o encájalas en tu día en ciertas franjas horarias. El bloqueo de tiempo de estas tareas puede mantenerte altamente eficiente y permitirte un mayor enfoque en las tareas que tienes a mano. Descubrí que completar las tareas más difíciles por la mañana me permitía tener más energía para el resto del día, menos estrés y más tiempo. Probablemente debido a menos aplazamientos y preocupaciones.

- Rendición de cuentas

Una vez que tu día termine, necesitas revisar tu diario y rendir cuentas. Puedes crear el tuyo propio o usar estas preguntas para ayudarte a revisar tu día:

- ¿Qué he logrado hoy?
- ¿Qué he aprendido hoy?
- ¿Fui capaz de estar a la altura de mis valores y estándares?
- ¿Qué procesos puedo mejorar?
- ¿Qué pasó hoy que me hizo sentir genial?

Crea un sistema que te ayudará a hacerte responsable. Hay muchos enfoques diferentes que puedes implementar, como una sesión diaria de diario reflexivo, recompensarte por completar ciertas tareas, o incluso jugar a la responsabilidad con tus amigos. Crea un chat de grupo con personas de ideas afines que estén dispuestas a comprometerse a rendir cuentas. Haz una llamada semanal, o informes de progreso que cada uno pueda publicar para probarse mutuamente que está haciendo el trabajo. Si alguien tiene dificultades, el grupo puede inspirarte a superar cualquier adversidad o pereza que puedas estar enfrentando. Esto puede asegurar que nunca dejen de aprender, se sientan obligados a trabajar más duro, y cada día que pasa los señala más en la dirección correcta.

- Estar agradecido

La posibilidad de expresar regularmente tu gratitud es frecuentemente pasada por alto en nuestra vida diaria porque nos hemos vuelto muy ocupados con otras conductas.

Deberías tratar de mantener esto como parte de tus hábitos diarios, especialmente cada noche. Una vez que hayas repasado tu día y te hayas mantenido responsable, intenta escribir sobre tres cosas por las que estás agradecido. Puede ser algo que sucedió ese día o algo pequeño como comer tus comidas favoritas en el almuerzo, tener una cama caliente en la que refugiarse, tu salud o tu familia.

Escribir estos pensamientos al final de la sesión mientras te preparas para ir a la cama, te permite entrar en un estado de abundancia, y terminar el día con una nota positiva.

La reflexión es un arte

El común denominador de todas estas técnicas es el arte de la reflexión. ¿Por qué es esto tan efectivo e importante? Cuando te sientas cada día y escribes en tu diario, aunque sea por unos minutos, te servirá como base para tu pensamiento. Es un descanso bien necesario en el que todas tus peticiones, ruido, información se apagan, y tienes tiempo para crear y procesar.

Este es un tiempo que está reservado solo para ti. Este es un tiempo para que te reajustes, ganes algo de perspectiva y claridad. Te permite calmarte y recuperar algo de paz mental.

El dolor más la reflexión es igual al progreso

Puede que experimentes algún dolor o molestia cuando salgas de tu zona de confort. Puede que te enfrentes a cierta resistencia, falles, seas rechazado, tengas encuentros incómodos, y finalmente no estés a la altura de tus expectativas. La reflexión es cuando aprendes algo de ese dolor procesando, mirando hacia atrás y siendo responsable. Experimentar, evaluar, crecer.

Cuándo hacer un diario

La idea estoica del diario se parece a esto:

"Por la mañana, prepárate para el día siguiente y por la tarde, pero el día está listo para la revisión."

Normalmente no puedes controlar todo lo que te pasa durante el día, pero lo que haces justo después de despertarte o antes de irte a la cama, parece que se te queda grabado.

Esto es una gran ventaja para realizar tus rutinas de la tarde y de la mañana a la misma hora cada día. Añadir tu diario a estos tiempos puede ayudarte drásticamente a adherirte a tu rutina y te permite cosechar todos los beneficios de ella.

¿Cómo es una sesión?

- Por la mañana

La razón principal de escribir un diario cada mañana es para cambiar el estado de ánimo y prepararse para el día siguiente:

    o Completa tu rutina de descarga de pensamiento y fábrica creativa. Si tienes problemas para encontrar algo, empieza por preguntarte a ti mismo qué tan bien dormiste.

    o Echa un vistazo a tu visión de la vida, objetivos a largo plazo y valores. Obtén algo de motivación.

    o Crea una conexión con el presente, y comprométete a completar tus tareas más importantes del día.

- Por la noche

Al final del día, justo antes de irse a la cama, las sesiones de diario te ayudarán a ser más consciente de lo que has aprendido durante el día y de cómo puedes mejorar. Puede ayudarte a responsabilizarte y a estimular tu subconsciente durante el sueño. También puedes usar este tiempo para relajarte, soltarte y terminar el día de forma positiva:

- o   Expresa por lo que estás agradecido.

- o   Prepara tu subconsciente con tu tarea o problema principal.

- o   Revisa tus objetivos y crea tu lista de tareas para el día siguiente.

- o   Visualiza tus objetivos a largo plazo.

- o   Responde a tus preguntas de rendición de cuentas.

Mientras escribes el diario, concéntrate en tus preferencias y necesidades. Si alguna vez tienes dudas o te sientes abrumado, haz menos.

Consejos rápidos:

Las cosas que escribes no tienen que sonar perfectas. Este es tu diario. No importa si lees tus anotaciones o no. Nunca restrinjas tu escritura por coherencia, ortografía o gramática. Si es importante para ti, reescribe las ideas finalizadas en un diario separado para mantenerlo todo ordenado. La idea principal es liberar los pensamientos. Preocuparse por la gramática o la ortografía puede dificultar tus ideas.

Tus sesiones no tienen que ser extensas. Solo te toma diez minutos para cosechar todas las recompensas del diario.

Escribe menos. Necesitas encontrar un equilibrio. No querrás ver los diarios como una carga. Así que haz lo que te funcione, ya que no hay reglas fijas a las que adherirse. Necesitas verlo como una herramienta para liberarte, no como una tarea.

Llamado a la acción

Puedes empezar a escribir un diario hoy simplemente colocando un papel y un bolígrafo en tu mesita de noche. Mientras te preparas para ir a la cama, escribe algunos pensamientos, y una vez que te despiertes haz lo mismo. Observa si esto te ayuda a pasar el día.

Con el tiempo, puedes empezar a hacer la transición a un cuaderno e implementarlo en tu rutina. Si se convirtiera en un hábito que implementas por el resto de tu vida, y decides registrar las lecciones que has aprendido, no solo te servirá a ti sino a las generaciones venideras. Eso es si decides transmitirlo.

Capítulo 5:

La Regla De Los Dos Minutos

Aprendí hace algún tiempo una simple regla que me ayudó a poner fin a mi procrastinación. También me ayudó a tomar el control de mis buenos y malos hábitos. La mejor parte de este hack es que es extremadamente fácil de implementar en tu rutina diaria.

Puedes dejar de postergarlo usando la simple "regla de los dos minutos". Esta regla te facilita empezar las cosas que sabes que tienes que hacer, pero que típicamente se pospondrían.

La mayoría de las cosas que necesitas hacer a lo largo del día no son normalmente tareas difíciles. Tienes todas las habilidades y talentos que necesitas para hacerlas. Solo tienes el hábito de evitarlas por varias razones.

Esta regla de dos minutos te ayudará a superar la pereza y la procrastinación, facilitándote el comenzar a actuar hasta el punto de no poder decir que no. Esta regla de los dos minutos se divide en dos segmentos.

Si puedes hacerlo en menos de dos minutos, hazlo ahora mismo

Es muy sorprendente la cantidad de tareas que no hacemos y que podemos hacer en menos de dos minutos. Aquí hay algunos ejemplos, enviar un correo electrónico, limpiar la mesa de trabajo, sacar la basura, poner la ropa en la lavadora, hacer la cama, etc.

Si tienes una tarea que hacer que sabes que solo te llevará dos minutos o menos, sigue esta regla y hazla inmediatamente. Táchalo de la lista y ahora puedes olvidarte de ello.

Cuando empiezas a tener nuevos hábitos, debe tomarte menos de dos minutos hacerlo

¿Podrían todos tus objetivos ser completados en menos de dos minutos? Por supuesto que no. Pero cada tarea se podría empezar en menos de dos minutos. Este es el propósito de la regla. Puede parecer una estrategia demasiado fácil para tus grandes objetivos en la vida, pero no lo es. Esto puede funcionar para cualquier objetivo debido a una razón: la física de la vida real.

La física en la vida real

La regla de los dos minutos funciona tanto para los objetivos grandes como para los pequeños debido a la inercia de la vida. Una vez que empiezas algo, se hace más fácil involucrarte en el proceso. La regla de los dos minutos es genial ya que abraza la idea de que todo tipo de oportunidades pueden surgir una vez que empiezas.

Si quieres convertirte en un mejor escritor, solo escribe un párrafo, o incluso una frase. Podrías descubrir que has encontrado el oro y seguir escribiendo sin parar durante una hora para cultivar una idea o concepto.

¿Quieres perder peso? Come un trozo de tu fruta favorita en lugar de ese perrito caliente. Podrías inspirarte a ti mismo para ir también a dar un paseo.

¿Quieres leer más? Empieza a leer una página de un libro, y antes de que te des cuenta, habrás leído las primeras seis páginas.

¿Quieres hacer más ejercicio? Los lunes, miércoles y viernes, empaca tu bolsa de gimnasio con algo de ropa y ve al gimnasio antes o después del trabajo. Pronto irás al gimnasio sin siquiera pensarlo.

El factor más importante aquí es empezar. Es la única manera de crear nuevos hábitos. No hablo de hacer algo por primera vez, sino de continuar haciéndolo de manera consistente. Esto no se trata de rendimiento, sino más bien de tomar medidas de forma consistente. Hay mucho tiempo para mejorar más tarde, solo date dos minutos de esfuerzo ininterrumpido.

Esta regla no se trata de lo que logras, sino del proceso de comenzar algo. Se trata de entrenarse para comenzar sin cuestionamientos. Sabiendo que dos minutos es tu requisito mínimo, no te sientes sobrecargado por la idea de ejercer horas y horas. Tu enfoque será tomar las acciones necesarias y permitir que las cosas procedan desde allí.

Solo hazlo

No puedo garantizar que esta regla funcione o no para ti, pero puedo decir con seguridad que no funcionará si no lo intentas.

El principal problema de muchas cosas que lees, escuchas o ves es que puedes entender el proceso, pero nunca empiezas a practicarlo. Quiero que este capítulo sea diferente para ti. Quiero que uses esta información en este momento.

¿Qué es lo que puedes hacer ahora mismo que te va a llevar menos de dos minutos? Solo hazlo ahora...

Cualquiera puede dedicarle solo 120 segundos de su día. Usa este tiempo sabiamente y haz algo. Levántate y muévete. ¡Vamos!

Hazlo bien

Ahora, hay un problema con la regla de los dos minutos, y es que, si no se usa correctamente, las cosas pueden ir ligeramente mal.

Mucha gente interpreta esta regla en el sentido de que si sabes que puedes hacer algo en menos de dos minutos, hazlo de todas formas. Sin embargo, es necesario aplicar esta regla durante el tiempo de procesamiento. Este es el factor principal que la mayoría de las personas que siguen esta regla a menudo olvidan mencionar. Si se utiliza en el momento equivocado, esta regla podría descarrilar erróneamente tu productividad. Por ejemplo, mientras lees este libro te das cuenta de que podrías completar otra tarea en dos minutos y marcarla de tu lista. Sin embargo, esto interferirá con tu lectura actual.

¿Puedes ver cómo eso podría ser contraintuitivo? Sé que te lo he preguntado esta vez, pero ten en cuenta esto.

Tiempo de procesamiento

El tiempo de procesamiento es el tiempo que te lleva averiguar qué acciones necesitas tomar para hacer las cosas. Echemos un vistazo a tu correo electrónico, por ejemplo. Para mí, esto significa que tengo que mirar cada mensaje individual y luego averiguar qué acciones debo realizar, como moverlo a mi lista de tareas, archivarlo o borrarlo. No es importante comenzar o terminar una tarea que contiene un correo electrónico, ya sea una respuesta o la conclusión de una solicitud específica. El tiempo de procesamiento es puramente el tiempo utilizado para organizar y gestionar tus acciones futuras.

Propósito de la regla de los dos minutos

El principal beneficio de esta práctica es que te ayuda a marcar rápidamente los elementos de tu lista de tareas. Cuando puedes ver una tarea que puede ser completada rápidamente, y tomas la acción necesaria, puedes dejar de "planear" la tarea, de "temer" la tarea y de pensar en la tarea. Solo tienes que completar rápidamente la tarea y seguir adelante. Estamos entrenando nuestros cerebros hacia una "predisposición para la acción".

Al tomar acciones sobre la información que tenemos delante, podemos evitar que las cosas se acumulen a nuestro alrededor. Estas acciones pueden ayudarnos a eliminar el desorden de nuestras vidas. Sin todo el desorden y los pensamientos distractivos, puedes estar menos inclinado a posponer y mejorar tu productividad. Marcar unos pocos elementos simples de tu lista puede ser muy gratificante y te lleva a seguir marcando casillas. Usa esto a tu favor y sigue adelante con ello.

Por qué no debes usar esta regla cuando cualquier tarea se te ocurra

Aquí es cuando la regla de los dos minutos puede desviar tu productividad. Aparte de ser usada durante tu tiempo de procesamiento, la regla de los dos minutos tiene que estar relacionada con lo que estás haciendo en ese momento.

Toma el ejemplo del correo electrónico de arriba. Imaginemos que abres un correo electrónico que solo te puede llevar dos minutos responder, en lugar de dejarlo, realizas la acción necesaria para completarlo. Tu objetivo era "procesar tu correo electrónico", así que responder a uno te ayudará con tu objetivo, ¿verdad?

Aquí hay un ejemplo de lo que puede suceder:

Te sientas en tu escritorio y te das cuenta de que tienes algunos mensajes importantes que aún no has manejado. Decides pasar una hora trabajando en el procesamiento de tu bandeja de entrada.

Miras el primer mensaje, pero aparece en tu mente un pensamiento que no está relacionado como: "Oh, necesito hacer algunos recados después del trabajo, así que tengo que poner un recordatorio sobre esto en mi calendario para no olvidarme". Poner eso en mi calendario me llevará menos de dos minutos, así que tengo que hacerlo ahora, y quitarlo de en medio".

Entonces, decides minimizar tu aplicación de correo electrónico y abrir tu calendario y añadir el recado para las 6pm. Pero entonces empiezas a pensar: "Espera un minuto, el meteorólogo dio lluvia para esta noche, déjame comprobarlo." Ya que esto, también solo tomará dos minutos. Sacas el teléfono y abres la aplicación del tiempo, inmediatamente ves: "Un tornado mortal atraviesa Oklahoma".

Te das cuenta de que tienes familia en Oklahoma, así que miras el video para saber dónde tocó el tornado y para ver si hay alguna causalidad. Cuando el video termina, ves que, afortunadamente, ninguno de tus parientes estuvo involucrado.

Guardas tu teléfono y tu estómago gruñe, así que decides tomarte un descanso y comer algo. Caminas por la calle hasta el puesto de café y tomas una taza de café y un panecillo. En el camino de vuelta a tu oficina, un compañero de trabajo se encuentra contigo y te pregunta si tienes un minuto.

Piensas: "No puedo ser grosero, solo será un minuto". La conversación duró más de un minuto, y te encuentras en una profunda conversación.

Alrededor de una hora más tarde, finalmente te sientas de nuevo en tu escritorio. Maximizas tu correo electrónico a pantalla completa, y ves que has recibido otros 20 mensajes nuevos. Tenías otros dos proyectos en los que se suponía que trabajarías hoy, y no has comenzado ninguno de ellos. Para empeorar la situación, tu jefe pide a todos que se reúnan para una reunión.

Tu objetivo cuando te sentaste hace dos horas era conseguir que tu correo electrónico fuera procesado. No procesaste NINGÚN correo electrónico, y ganaste 20 mensajes adicionales. Has hecho un progreso mínimo o nulo, y te faltan dos horas más para empezar.

¿Te suena esto familiar?

Si usas la regla de los dos minutos en cualquier momento del día, estarás yendo de tarea en tarea todo el día, corriendo de pensamiento en pensamiento en vez de proceder de manera lógica y productiva.

Si usas la regla de los dos minutos cada vez que se nos ocurre una tarea de dos minutos, nuestras intenciones y planes se desviarán repetidamente.

Cada vez que me enfrento a un gran proyecto, mi mente tiene esta habilidad innata de hacer todo tipo de tareas de dos minutos que me mantienen desviado todo el día. En lugar de ser parcial para la acción, esta regla se ha convertido en una herramienta para ayudarnos a aplazar. Una vez que te das cuenta de esto, puedes cambiar tu perspectiva y usarla a tu favor durante ciertos momentos.

Capítulo 6:

Hacking Mental

Todo el mundo quiere más de la vida. La mayoría de la gente se encuentra persiguiendo el amor, el éxito, la felicidad o el dinero. Puede que no queramos admitirlo, pero es cierto de alguna manera o forma.

Todos los que quieran aumentar sus ingresos buscarán nuevos trabajos que paguen más, trabajen más horas o intenten abrir su propio negocio. Pueden intentar mejorar o aumentar sus estrategias de marketing, ir a múltiples eventos de redes o estudiar para aumentar sus calificaciones. La lista puede seguir y seguir.

Cuando busques amor, puedes decidir unirte a una aplicación de citas. Si ya tienes una relación, puedes programar algunas noches de citas en un esfuerzo por pasar más tiempo con una pareja deseable. Algunas personas pueden recurrir a desarrollar relaciones tratando de encontrar el amor que desean.

Para estar más saludable, puedes contratar a un entrenador personal. Quieres perder peso para cambiar tus hábitos alimenticios y encontrar toda la información que puedas sobre la última dieta de moda.

Cada uno de estos deseos nos obligan a realizar cambios de comportamiento.

El Hack para aportarte más

Este hackeo mental es tan simple que puede que no me creas. Si quieres tener más en tu vida, el secreto de esto es aprender a aceptar cumplidos.

Sí, lo has leído bien. Una vez que puedas empezar a aceptar cumplidos, aumentarás tu habilidad para el éxito, experimentarás más felicidad y ganarás más dinero. Espera y déjame explicarte.

Imagina que hoy es un día normal. No es un día festivo, ni tu cumpleaños, ni ningún día que esperes un regalo o un cumplido. Es solo un día normal y corriente. Te encuentras con tu mejor amigo para almorzar, y de la nada, te hacen un cumplido, o te compran el almuerzo.

¿Cómo reaccionarías? Si eres como la mayoría de la gente, podrías decir algo como: "Oh, no deberías haber hecho eso." o "La próxima vez es por mi cuenta." Podrían hacer un cumplido a tu ropa, y reaccionarías con "¿Esta cosa vieja?" Si reaccionas de esta manera, estás inconsciente y activamente RECHAZANDO su gesto o cumplido.

En estos días, cuando alguien nos hace un cumplido o nos compra un regalo, nos saca del control total. Si nos sentamos y recibimos estos regalos, no estamos en control. Solo piénsalo por un minuto, ¿quién tiene el control del cumplido o el regalo? La persona que lo da. ¿Quién tiene el control de una intención? La persona que lo da. También tiene el control de cuándo y cómo nos lo presenta.

Nosotros solo tenemos el control de nuestra propia respuesta o reacción. Desde un punto de vista evolutivo y primario, donde no tenemos control, nos volvemos vulnerables, nos sentimos expuestos, y potencialmente en desventaja. Para recuperar el control, normalmente les daremos un cumplido o un regalo a cambio, o alternativamente lo rechazaremos completamente.

El Problema

El principal problema de este tipo de patrones sociales y primarios es que crea la creencia en nuestra mente inconsciente de que no es seguro recibir estas ofrendas. Nuestra mente inconsciente es muy sugerente y totalmente ilógica, y le encanta hacer asociaciones, como conectar comportamientos y creencias que normalmente no asociaríamos lógica o conscientemente entre sí.

Si hacemos sugerencias a nuestra mente inconsciente de que no es seguro recibir pequeñas ofrendas como regalos o cumplidos, nuestra mente inconsciente se expandirá en esta forma de pensar y aplicará estos pensamientos para recibir cualquier recompensa. Para nuestra mente inconsciente, si un pequeño regalo no es seguro de recibir, entonces ¿qué hace que aceptar mucho dinero de un cliente sea seguro?

Dado que nuestro cerebro es muy simbólico, cree que recibir cualquier cosa es algo parecido. Estas creencias se extienden mucho más allá de la obtención de beneficios monetarios. Puede impactar en nuestra capacidad de generar ingresos, ganancias, o incluso aceptar cosas tan simples como nuevas oportunidades, nuevos clientes, o referencias para expandir nuestros negocios a nuevas alturas.

Si tienes el objetivo de hacer crecer tu negocio o tus ingresos, es posible que necesites implementar nuevas estrategias como la creación de asociaciones de referencia o la publicación de anuncios en los medios sociales. Estas actividades podrían resultar infructuosas si se ha cableado el cerebro para no reconocer ninguna pista que pueda generar.

Si quieres dar la bienvenida a más veneración de tu pareja, no importará lo que ellos puedan hacer para demostrar más amor. Nunca vas a sentir o apreciar el afecto que te han estado dando desde que te has entrenado para bloquear cualquier alabanza amorosa. Esto se aplica a tu vida en general, y también a tu salud. Le has dicho al sistema de filtrado de tu mente inconsciente que no es seguro recibir. Esto significa que puede que no seas capaz de apreciar ninguna nueva oportunidad en todo su potencial.

La próxima vez que alguien te ofrezca un cumplido o te presente un pequeño regalo de la nada, acéptalo con gracia y simplemente di: "muchas gracias". Haz esto cada vez que alguien quiera regalarte algo, y no rechaces ni aceptes ningún pensamiento negativo. Para recablear tu cerebro, va a ser necesario repetirlo. No será suficiente con aceptar un solo cumplido, sino que volverás a tus viejos hábitos. Empieza a implementar este comportamiento de aceptar regalos ahora mismo y de forma consistente, y empezarás a ver cambios en tu vida inmediatamente.

Capítulo 7:

Hábitos Saludables Para La Disciplina

Considerando el hecho de que la mayor parte de lo que hacemos cada día está impulsado por los hábitos, el desarrollo de hábitos saludables inculcará la cantidad adecuada de disciplina en tu vida. Los siguientes hábitos ayudarán a que la autodisciplina sea más fácil de implementar. Recuerda que todos los hábitos tomarán tiempo para formarse y desaparecer. Si comienzas en pequeño y construyes desde ahí, no te preguntarás cómo encontrar la disciplina ya que encarnarás los hábitos que necesitas para adquirirla.

El perdón

Esto probablemente ni siquiera suena como un hábito, y eso es porque la mayoría de la gente vive su vida sin perdonar nunca a la gente por cualquier maldad. Vivimos una gran parte de nuestras vidas en un estado de culpa, arrepentimiento o ira, y esto solo va a causar más problemas. La ira y el odio consumen mucha más energía que el perdón y el amor. Cuando perdonas, aprendes a dejar ir las cosas que no te sirven.

Sin hacer del perdón un hábito, no podrás encontrar tu autodisciplina. Estarás demasiado preocupado por cómo alguien te ha hecho daño para concentrarte en tus objetivos. Perdonarlos no significa que olvides lo que hicieron, o que los aceptes de nuevo en tu vida. Simplemente significa que estás liberando la energía negativa que crearon en tu vida.

Meditación

La meditación te ofrece un tiempo para poner tu mente a gusto. Te da un lugar para cultivar y crecer. Cuando meditas, anulas el ruido y te das cuenta de que eres uno de los muchos conectados al universo.

La meditación también tiene un gran impacto en tu autodisciplina. Ayuda a despejar la mente y establece el tono del día. Mejora tu salud mental, espiritual, emocional y física, lo que te permite cosechar algunos de los mayores resultados por el mínimo tiempo invertido.

Puedes meditar en solo diez minutos o durante el tiempo que quieras. Todo lo que tienes que hacer es mantener la mente quieta, y si empieza a divagar, simplemente vuelve a concentrarte. La meditación se trata de alinear el cuerpo físico con el cuerpo espiritual. Una vez que están alineados, puedes vivir una vida más enfocada. Yo recomendaría altamente la mediación guiada para principiantes, puedes encontrar una abundancia de videos y guías en YouTube si lo necesitas.

Prueba un ayuno de dopamina

Esto no es algo que necesites hacer regularmente, pero puede ser útil si sientes que necesitas un reajuste mental, aunque sea una sola vez para ampliar tu perspectiva. La dopamina es una liberación de químicos dentro de tu cuerpo que juega un papel en cómo sientes placer. La dopamina está relacionada con el sistema de recompensa del cuerpo. Cada vez que te desplazas a través de Instagram, ves algo en Netflix, recibes algo similar en Facebook, comes una hamburguesa, juegas un videojuego o te masturbas, tu cerebro recibe un golpe de dopamina.

El cerebro es adicto a la dopamina, ya que es lo que nos hace felices. El cerebro tratará de estimular la repetición de los comportamientos que producen dopamina, y ahí es donde las cosas pueden ir mal. No me malinterpreten, la dopamina no es algo malo o malvado. Es un neuroquímico complejo que es responsable de la motivación, la toma de decisiones y la atención. No hay necesidad de temer a la dopamina en absoluto, es el hecho de que hay placeres creados por el hombre que abusan de la dopamina de formas no naturales lo que causa el problema. Así es como las personas se vuelven adictas a cosas como el alcohol, las drogas y la comida. Excluyendo las sustancias, las pantallas o cualquier otro estímulo, puedes volver a conocerte a ti mismo.

El ayuno de dopamina no consiste en cambiar el sistema de dopamina en tu cerebro. En su lugar, el ayuno te ofrece el tiempo y la atmósfera para reflexionar sobre los orígenes y las causas de tus conductas adictivas. Si esto es algo que te interesa, puedes probar el ayuno de dopamina de 24 horas. Las reglas de un ayuno de dopamina son las siguientes. Intenta no realizar ninguna de las siguientes actividades durante 24 horas:

- No usar aparatos electrónicos
- No leer revistas o libros
- No masturbarse o tener sexo
- No escuchar podcasts o música
- No tomar café ni ningún otro tipo de estimulantes
- No comer

Hay cosas que puedes hacer, solo tienes que ser creativo. Algunos ejemplos son:

- Beber agua
- Visualizar
- Pensar en profundidad
- Hacer ejercicio
- Meditar
- Escribir en un diario

Esto puede parecer estricto, y lo es, pero es solo por 24 horas, y una buena parte de eso estarás durmiendo. Si no puedes lograr esto por solo

24 horas, entonces sabes lo serias que son tus adicciones. Aunque aceptamos el hecho de que somos esclavos de nuestros teléfonos, TV, ordenador, etc., no es saludable.

Puede que descubras que durante esas 24 horas, eres capaz de superar algo con lo que habías estado luchando durante algún tiempo. Como dije, esto funciona como un reajuste mental. Te sacará de un mundo sobrecargado de distracciones para que puedas concentrarte en lo que es importante.

Te hará tomar conciencia de tus ansias de dopamina y de que tiendes a tomar decisiones indisciplinadas. Con esta conciencia, serás capaz de anular tu resistencia interna en el futuro. Siéntate en silencio, medita, escribe un diario o reflexiona sobre algunas preguntas reveladoras que puedas tener para ti mismo. Acércate al ayuno con la intención de trazar un mapa y reflexionar sobre tu comportamiento.

Durante este ayuno, el aburrimiento seguramente atacará. Tienes que aceptar este aburrimiento y entender que este aburrimiento es donde normalmente recaerías en tu adicción. Encontrarás otras cosas que hacer, esto es solo temporal.

Persistencia

Por supuesto, ningún hábito se mantendrá a menos que tengas persistencia. La persistencia es lo que te ayuda a no rendirte. Incluso cuando tienes un desliz, te da la oportunidad de volver a levantarte. Sin persistencia, la autodisciplina sería imposible.

¿Por qué? Porque alcanzar cualquier tipo de meta es difícil. Es fácil desanimarse y dejar de fumar requiere mucha menos energía y esfuerzo que seguir adelante, especialmente cuando algo te causa mucho dolor antes de llegar al placer.

Pero eso es lo que se necesita. Lo que tienes que darte cuenta es que incluso las personas más famosas que parecen tener éxito en todo han fracasado muchas veces. El fracaso es importante. Sin fracasar, no podrás alcanzar tus mayores objetivos.

Hay muchas maneras de inculcar este hábito, pero la mejor es dar una razón profunda de por qué quieres las cosas de la vida que haces. Una vez que tengas motivos lo suficientemente fuertes, pueden ayudarte a conseguir cualquier cosa.

Capítulo 8:

Los Navy Seals Al Rescate

Los Navy Seals son la principal fuerza de operaciones especiales de la Marina de los EE.UU. Su trabajo es mental, física y emocionalmente exigente. La mayoría de la gente que intenta ser un Seal no supera los vigorosos protocolos. Lo que diferencia a los que lo logran de los que son enviados a casa es su fortaleza de.

Vamos a ver algunas mentalidades de los Navy Seals que te ayudarán a ser mentalmente resistente, y cómo puedes enfocarlas hacia tus objetivos.

Sube la apuesta

Chad Williams, un Navy Seal, explica que cuando se trabaja para alcanzar una meta, se debe trabajar para 'subir la apuesta' para que se siga avanzando hasta alcanzar el éxito. Pregúntate constantemente, "¿Qué está en juego?"

Cuanto más alta sea tu apuesta, mayores son las probabilidades de que perseveres. Eso significa que cuanto más subas la apuesta, más fortaleza mental tendrás. Digamos que quieres correr un 10K. Para que te hagas responsable, le das a tu amigo 50 dólares y le dices que solo puede devolvértelos una vez que hayas completado los 10K. Hay una buena posibilidad de que renuncies antes de alcanzar esa meta.

¿Por qué? Un 10K requiere mucho entrenamiento y dedicación, y esos 50 dólares rápidamente no serán gran cosa cuando empieces a jadear por aire, tus pantorrillas se tensen, tu talón empiece a hacer ampollas y no te quede mucho en el tanque. Ahora, obviamente, dar a tu amigo 500 dólares puede hacer que sea más motivador, y puede que seas más reacio a rendirte tan fácilmente. Sin embargo, no es demasiado sostenible confiar en tu amigo cada vez que necesitas hacer una tarea difícil, ¿verdad? Pero, ¿qué pasa si cambias la apuesta?

- Cuando entrene para un 10K, perderé 20 libras. Esto me hará más saludable, me veré mejor, y me será más fácil moverme.
- Si corro 10 km, les mostrará a mis hijos que pueden hacer cualquier cosa que se propongan.
- Desarrollar la disciplina para correr 10K me ayudará a alcanzar mis otras metas.

Una vez que tienes una apuesta más alta, hay una mayor posibilidad de que te quedes con ella. Algo que hace Williams es engañarse a sí mismo para creer que todo está en juego. Llega a decirse a sí mismo que si no alcanza su objetivo, su familia morirá. La mayoría de la gente no va a llegar tan lejos, pero aún así puedes llevar las cosas al peor de los casos para motivarte a seguir adelante si es lo que necesitas.

Puede parecer drástico, pero cuando engañas a tu mente para que piense que hay mucho en juego, es más probable que perseveres.

Recuperarse rápido

Hay muchos libros de los Navy Seals que describen el entrenamiento por el que tuvieron que pasar y cómo desarrollaron su fortaleza mental, permitiéndoles soportar muchas situaciones que amenazaban sus vidas. Algo que la mayoría de los Seals mencionan es recuperarse rápidamente después de que algo inesperado ocurre.

Antes de salir a una misión, los Navy Seals son informados de lo que pueden enfrentar y lo que deben esperar. Por ejemplo, si se preparan para rescatar a alguien de un barco secuestrado, se les informa acerca de:

- La disposición de la nave.

- ¿Cuánta gente hay a bordo?
- Los tipos de armas que podrían encontrar.
- Cómo moverse por la nave sin ser detectados.
- Quién puede ser el objetivo.

Sin embargo, la mayoría de las veces, las cosas no van a ir como se planeó. Pueden subir a la nave y encontrarse con un obstáculo que no estaba en los planes. ¿Qué se supone que deben hacer? Ciertamente no se van a detener para averiguar quién es el culpable de no decirles acerca del obstáculo, ni tampoco se van a rendir y volver a la base.

La capacidad de adaptarse y avanzar sin importar cualquier adversidad u obstáculo en el camino es lo que hace a los Navy Seals sobresalientes. Para ser mentalmente fuerte, tienes que aprender a recuperarte cuando te enfrentas a algo que no esperabas. Engañar al cerebro para que supere esa necesidad de discutir sobre lo que está sucediendo. Cuando algo surge, lo adaptas y sigues adelante. Repite esta frase para ti mismo: "Reconocer, aceptar, adaptar, actuar".

Visualizar

Durante el entrenamiento, se enseña a los Navy Seals a visualizarse a sí mismos completando con éxito su misión. Están entrenando y preparando su mente para lo que se están preparando para hacer. Visualizar tantos resultados como sea posible ayuda a los Seals a prepararse mentalmente para cualquier situación.

No importa cuál sea tu objetivo, visualízate avanzando, trabajando a través de los obstáculos, cerrando esa crítica interna, e ignorando a cualquiera que diga que no puedes. Si te "ves" trabajando a través de esos obstáculos antes de empezar, cuando realmente los alcances, tu mente no tendrá que averiguar qué hacer. Ya sabrás cómo seguir adelante.

Recita un mantra

El ex-Soldado de la Marina Richard Machowicz escribió en su libro *'Unleash the Warrior Within'* que recibió una foto de un amigo. En la foto estaba el hermano de su amigo, otro Navy Seal, y muchos otros Seals que se preparaban para saltar de un avión.

En la parte de atrás, había una cita que decía, "Un hombre puede ser vencido de dos maneras: si se rinde o muere". Mack tomó esta cita y se le ocurrió el mantra, "No muerto, no puedo renunciar".

Lo recitaba durante su entrenamiento, y cree que este mantra fue lo que le ayudó a convertirse en un Navy Seal. Verás que es más fácil ser mentalmente fuerte cuando tu mente trabaja a favor de la dureza y no en contra. Por eso es útil recitar un mantra, ya sea que uses el de Mack o crees el tuyo propio. Algunas otras opciones para los mantras son:

- Renunciar no es una opción.

- Ahora o nunca.

Si alguien te impulsa a renunciar, o la voz en tu cabeza se vuelve negativa, di tu mantra. Engaña al cerebro para que crea que la única opción que tienes es seguir adelante.

Una de las partes más importantes para conseguir lo que quieres de la vida es ser mentalmente fuerte. Aplica estos trucos mentales, y desarrollarás la fortaleza mental que necesitarás para alcanzar tus metas.

Capítulo 9:

Tácticas Populares De Autodisciplina

Con todo lo que hemos discutido hasta ahora, deberías tener una idea bastante buena de cómo mejorar tu autodisciplina. Eso no va a impedir que te proporcionemos unas cuantas tácticas más para romper esos malos hábitos y tomar el control de tu vida.

El hecho es que no importa qué tipo de agenda o aplicación de gestión del tiempo se utiliza. Hay millones de formas de seguir y medir tus hábitos, pero no funcionarán a menos que puedas hacer que se mantengan. Lo que se reduce a que la autodisciplina es un estado mental, no una app.

Antes de repasar algunas formas más específicas de mejorar tu autodisciplina, responde a esta pregunta, ¿qué quieres lograr? Estás leyendo este libro por una razón, así que tiene que haber algo que estés buscando lograr y que creas que la autodisciplina te ayudará. Si no tienes un objetivo, entonces será demasiado fácil rendirse cuando las cosas se pongan difíciles.

Tienes que asegurarte de que el deseo de tu objetivo es más fuerte que la tentación de rendirte, así que averigua qué es lo que realmente quieres. ¿Quieres ser más productivo para tener más tiempo para pasar con tu familia? ¿Te gustaría crear ejercicios y hábitos alimenticios saludables para que te sientas más seguro de ti mismo? ¿Siempre has querido lanzar tu propia carrera como freelance para poder trabajar donde quieras?

La motivación para lograr la autodisciplina debe venir de tu interior. No va a durar si lo haces solo porque crees que es algo que debes hacer. Con eso en mente, aquí están las últimas estrategias de autodisciplina, conceptos y cambios de mentalidad que pueden ayudarte.

Ten en cuenta que no es necesario utilizar cada una de ellas, ya que pueden no ser relevantes para tu situación. Siendo realistas, la aplicación de un par de estas estrategias debería darte un cambio fundamental en tu capacidad de autodisciplina.

Desafía tus excusas

Una de mis amigas solía decir que no tenía suficiente tiempo para empezar su blog personal porque tenía un trabajo a tiempo completo como consultora financiera. Después de trabajar todo el día en cosas para sus clientes, estaba demasiado cansada para sentarse frente a su computadora, y no quería tomarse el tiempo para trabajar en su escritura.

Un día, le dije que, si seguía poniendo excusas, nunca tendría tiempo para construir su sueño. Se tomó un tiempo para responderme después de esto, pero siempre agradeció que la desafiara a pensar. Ahora se toma 30 minutos antes del trabajo para escribir en su blog de belleza a primera hora de la mañana, así que no puede poner ninguna excusa. Mientras que 30 minutos pueden no parecer mucho, se suman con el tiempo.

Intenta intentarlo con tus propias excusas. Si piensas: "No puedo comer sano porque no tengo tiempo para preparar mi dieta", intenta preparar una gran cantidad de comida sana en un día en el que no estés tan ocupado. Si dices, "No puedo escribir un libro porque trabajo a tiempo completo", intenta trabajar en tu libro durante una hora cada noche en lugar de ver la televisión. Siempre hay tiempo, se trata de elegir lo que es más importante para ti. ¿Cuáles son tus prioridades?

¿Quieres ver la televisión y nunca escribir ese libro que siempre has soñado con escribir? Eso está bien. Pero si hay algo peor que fallar, es el arrepentimiento que sientes después, sabiendo que nunca lo intentaste.

Retrasar la gratificación

Para desarrollar tu autodisciplina, tienes que saber cómo evitar la tentación para poder aguantar las cosas que son mejores. Hay estudios que han demostrado que retrasar la gratificación es un rasgo importante en los individuos exitosos.

Sigmund Freud explicó que, de niño, todos nos centramos en recibir una gratificación inmediata. A medida que crecemos, empezamos a tolerar la incomodidad en varios niveles para alcanzar metas más grandes.

Por ejemplo, si dejas de salir cada fin de semana con tus amigos, puedes ahorrar dinero para comprar una casa o viajar al extranjero. Podrías resistir el impulso de comer las rosquillas en la sala de descanso para disfrutar de los beneficios de una mejor dieta. Cuando tomamos la decisión de retrasar la gratificación, estamos cuidando de nuestro futuro.

Hábitos pequeños y constantes

Brad Isaac, cuando era un comediante principiante, le pidió consejo a Jerry Seinfeld. Seinfeld dijo que, para ser un mejor comediante, debería trabajar en sus chistes todos los días. Dijo, consigue un marcador rojo y un gran calendario de pared, y por cada día que escribiera un nuevo chiste, debía marcar el día con una gran X roja.

Después de algún tiempo, empezarás a construir una cadena de X rojas. Eso va a ser muy satisfactorio, y esa sensación debería impulsarte a asegurarte de que esa cadena no se rompa.

Concéntrate menos en lograr resultados sorprendentes inicialmente, y más en construir un hábito consistente. Después de que sientas que esta práctica se está asentando en tu rutina, empezarás a ver resultados notables. Es importante que elijas una tarea que sea lo suficientemente significativa como para marcar la diferencia, pero que también sea lo suficientemente simple como para que puedas practicarla fácilmente cada día sin cuestionar.

Nutrición, sueño y ejercicio

Si no has dormido lo suficiente, no has comido bien, no has hecho ejercicio y estás tratando de mejorar tu autodisciplina, estás luchando una batalla cuesta arriba. Cuando te cuidas a ti mismo y a tu cuerpo, vas a encontrar mucho más fácil trabajar hacia tus objetivos. Descubrirás que tienes más energía, una mejor actitud y que es menos probable que renuncies cuando las cosas se pongan difíciles.

Lamentablemente, muchas personas suelen pasar por alto que el sueño es la causa de muchos de sus problemas. Para comprobar si tu patrón de sueño es algo que podrías remediar, podrías controlar tu ciclo de sueño, y refinarlo a un nivel más óptimo. Una gran aplicación gratuita para controlar el sueño es Sleep Cycle - Sleep Tracker de Sleep Cycle AB, pero hay muchas más en la tienda de aplicaciones. Esta aplicación te permitirá hacer un seguimiento de la calidad y regularidad de tu sueño, e incluso detectar ronquidos o problemas para dormir.

Antes de acostarse, aliéntate a seguir una rutina nocturna que te ayude a relajarte. 30 minutos antes de acostarse puedes elegir hacer estiramientos, leer, meditar, escribir un diario, respirar o incluso una combinación de varias cosas.

Es el hábito, no el resultado

En lugar de decir: "Quiero perder peso", intenta: "Quiero caminar 10.000 pasos al día". La idea de perder peso es difícil de precisar. ¿Cómo puedes lograrlo, y cómo puedes rastrear tu éxito?

Es mucho más fácil rastrear la meta concreta de caminar 10.000 pasos cada día. Si te concentras en alcanzar ese hábito, es probable que la pérdida de peso venga acompañada de ello. Averigua qué es lo que te gustaría lograr y luego averigua qué hábito te ayudará a alcanzar esa meta.

Tony Robbins dijo una vez: "No se trata de alcanzar el objetivo. Se trata de en quién tienes que convertirte para lograr el objetivo. El jugo está en el crecimiento".

No se pueden mejorar las cosas que no se miden

Hay una posibilidad de que hayas escuchado este dicho, pero es verdad. Medir tu progreso es una de las formas más poderosas de motivarte para hacerlo mejor. Cuando rastreas claramente las cosas que encuentras importantes, te va a ayudar a entender mejor cómo te desempeñas, y puedes mejorar.

Todo lo que quieres mejorar se puede medir, desde los minutos que pasas haciendo ejercicio hasta la cantidad de libros que lees al año. Puedes usar un dispositivo o una aplicación, o puedes seguir tu progreso usando un cuaderno u hoja de cálculo. La forma en que midas tu éxito no importa; es el acto de medir lo que te va a ayudar a tener éxito.

Por ejemplo, una aplicación de presupuesto te ayudará a llevar un registro de tus finanzas, tanto las que entran como las que salen. Ver la cantidad de dinero que gastas en burritos nocturnos o en compras por Internet puede animarte a hacer algunos cambios en estos hábitos. Cuando veas que tus ahorros aumentan cada mes, te mantendrás motivado para mantener mejores decisiones financieras. Mientras calculas tu progreso, recuerda que la única persona con la que te estás midiendo es con tu yo del pasado, no con nadie más.

Cómete la rana

Esta es probablemente una de las tácticas de autodisciplina más populares, y nos llega de Mark Twain. Él dijo, "Si tu trabajo es comerte una rana, es mejor hacerlo a primera hora de la mañana. Si tu trabajo es comer dos ranas, es mejor comer la más grande primero."

Esa rana es una tarea grande y desalentadora que debes completar pero que probablemente evitarás. Al realizar esa tarea, comenzarás con una mente clara, una gran fuerza de voluntad, concentración completa y llena de energía. Si terminas retrasándola hacia el final del día, lo más probable es que termines demasiado cansado, y probablemente digas algo como, "Lo haré mañana".

Para comer la rana, haz una lista de cosas por hacer la noche anterior y pon la tarea más difícil, más grande y más fea al principio de la lista. Cuando comiences a trabajar, actúa de inmediato y no pases a nada más de la lista hasta que hayas terminado de "comer la rana".

Una vez que hayas terminado esa tarea, sentirás una sensación de alivio y satisfacción porque la parte más difícil de tu día está completa, y el resto de tu lista de tareas será mucho más fácil en comparación.

No tienes que pedir permiso

Si estás esperando a recibir la aprobación de alguien, no lo hagas. Cultivar la autodisciplina significa que puedes encontrar la aprobación dentro de ti mismo. Hay muchos de nosotros que se detienen a trabajar para lograr sus objetivos porque temen que los demás piensen que es raro, loco o extravagante. Después de liberar esa necesidad de aprobación, eres libre de seguir tus metas y trabajar en las cosas que son más importantes.

Además, la liberación de ti mismo es increíblemente importante. Deja de hablar de ti mismo de forma negativa y olvida lo que tú o cualquier otra persona piensa. ¡Necesitas liberarte de esta forma de pensar y tomar medidas! Eres digno, eres lo suficientemente inteligente, eres absolutamente capaz.

Ten un sistema de apoyo

Puede que no necesites el permiso o la aprobación de los demás para trabajar en tus objetivos, pero sí necesitas tener algún tipo de sistema de apoyo. No debes aislarte. Tener un grupo de personas que crean en ti, te proporciona un valor increíble cuando se trata de trabajar hacia un objetivo difícil.

Es importante asegurarse de estar rodeado de personas que quieran verte triunfar. Esto puede ser difícil a veces porque hay familiares y amigos que dirán cosas destructivas y mezquinas por envidia o celos. Algunos pueden incluso decirte que no deberías intentar alcanzar esas metas, o decir que tus objetivos son tontos, imposibles o inútiles.

Ignora a esas personas; solo se preocupan por sí mismas y tratan de justificar sus propias inseguridades. En cambio, encuentra a aquellos que quieren verte triunfar y se alegran por ti cuando alcanzas las metas que te has propuesto, incluso las pequeñas victorias. Evitar a las personas tóxicas, ya sea que sean familiares o no, es un paso crucial que debes considerar para sentirte realmente en paz. Tómate un tiempo y concéntrate en ti mismo un poco.

Presupuesta la energía, no el tiempo

¿A qué hora del día te sientes más concentrado? Todo el mundo tiene un ritmo circadiano diferente. Algunos se concentran mejor a primera hora de la mañana, y luego hay algunos que tienen más energía por la noche. No importa en qué categoría te encuentras. Tampoco está bien o mal. Lo importante es trabajar en los momentos en los que naturalmente tienes más energía.

Por supuesto, tener un trabajo a tiempo completo hace que esto sea un poco más difícil de hacer ya que no puedes elegir realmente las horas que trabajas, pero aún así podrías usar esta información para ayudarte a tomar decisiones. Por ejemplo, si vas al gimnasio antes o después del trabajo.

No esperes ser perfecto

No esperes ser perfecto en todo lo que hagas. Si te mantienes en un nivel que nadie puede alcanzar, no tendrás éxito en nada, haciéndote sentir horrible e inadecuado en el proceso. Recuerda esta cita, "No tengas miedo de empezar de nuevo. Esta vez no estás empezando de cero, estás empezando por la experiencia." Para mí esta cita lo resume perfectamente. Cambia tu perspectiva para convertir tus fracasos en lecciones. No fallaste, aprendiste. Ahora estás un paso más cerca de tener éxito.

Cuando falles, y así sucederá, perdónate a ti mismo y sigue adelante. Podrías terminar perdiéndote un entrenamiento, y eso está bien, pero sabes que al día siguiente lo vas a compensar.

Resbalar no te convierte en un fracaso. Todo lo que significa es que eres humano. Asegurarse de mejorar tu autodisciplina no se trata de no cometer ningún error. Se trata de la determinación y la agallas que tienes para seguir adelante y mejorarte a largo plazo.

La autodisciplina es como cualquier otro músculo de tu cuerpo. No explotará de la noche a la mañana, pero crecerá con el tiempo con un trabajo constante y duro.

No hay necesidad de tratar de dominar tu autodisciplina en un solo día. Lo importante es empezar a implementar una sola de estas estrategias y luego dar pasos incrementales para hacer crecer ese músculo.

Conclusión

Decidir aumentar tu autodisciplina y cambiar tu vida para mejor no es una tarea fácil. Requiere hacer cambios y una profunda y personal conversación contigo mismo sobre lo que realmente quieres en la vida. Lo importante es asegurarte de que descubras lo que funciona para ti. Algunos de los trucos que hemos repasado pueden no ser tan efectivos, y otros funcionarán como por arte de magia. No pienses que solo porque tu amigo haya tenido éxito con cierto método, tú también lo tendrás.

Empieza escribiendo en un diario y definiendo las metas y ambiciones para trabajar. De esa manera sabrás exactamente lo que quieres, y lo que necesitas hacer para llegar allí. Sin esa conciencia de ti mismo, lucharás para planear un camino y mejorar tu autodisciplina porque no sabrás cómo empezar.

Averigua cómo te harás responsable y cumplirás tus objetivos. Mantente consistente en todo lo que haces, y mantente firme. Una vez que encuentres lo que funciona, duplica eso. Sobre todo, no te rindas. Continúa presionando hasta que encuentres la clave del éxito. ¡Yo lo he hecho, y tú también lo puedes hacer!

www.ingramcontent.com/pod-product-compliance
Lightning Source LLC
Chambersburg PA
CBHW071757080526
44588CB00013B/2277